laGalera

¡Qué zambombazo!

ENRIC BAYÉ

Ilustraciones:
MERCÈ ARÀNEGA

Traducción:
MARÍA CÓRDOBA

PREMIO JOSEP M. FOLCH I TORRES 1992

Primera edición:
marzo de 1994

Tercera impresión:
noviembre de 2009

Diseño gráfico del interior: clase
Diseño gráfico de la cubierta: Cass

Coordinación editorial: Anna Pérez i Mir
Dirección editorial: Iolanda Batallé Prats

La Galera, SAU Editorial
Josep Pla, 95 – 08019 Barcelona
www.editorial-lagalera.com
lagalera@grec.com

Impreso por Limpergraf SL
Mogoda, 29-31 Polig. Ind. Can Salvatella
08210 Barberà del Vallès

Depósito legal: B-37894-2009
Impreso en la UE
ISBN 978-84-246-0027-3

Índice

A Ramon Vall Guixeras, el señor Vall,
y a Vicenç Bayé Cassà, mi tío.

¡QUÉ ZAMBOMBAZO!

Si hubiera oído un sencillo ¡paf!...
O un sonoro ¡pum!...

O, como mucho, como mucho, un buen ¡cataplum!..., seguramente que Aurora no hubiera cerrado los ojos con tanta fuerza, ni tampoco se hubiera protegido la cabeza con las manos ni –con franqueza– se hubiera asustado tanto como se asustó cuando oyó el ¡¡¡ZAMBOMBAZOOO!!! tan horroroso que hizo aquel libro que le cayó de la estantería de su habitación.

El corazón de la chica iba a cien por hora...

Pero se atrevió a entreabrir el ojo derecho...

¡Y volvió a cerrarlo de golpe!

¡Ahora el corazón ya le iba a ciento veinte!

¿Lo había visto bien...?

¿No lo había visto bien...?

¿Había visto... lo que había visto...?

O quizá...

Nada, tú. ¡Tenía que ser valiente!: ¡Inspiró profundamente... y abrió los ojos como platos!

Inmediatamente le salió un «¡¡¡CÓRCHOLIS!!!» del alma, con tanta fuerza, que un poco más y se queda sin respiración...

Y es que, en el suelo, de pie –porque había quedado de pie–, Aurora vio el libro que había caído, el cual, a la primera ojeada, parecía entero...

A la primera ojeada, pero...

Alrededor del libro –mejor dicho: de las cubiertas del libro– había esparcidas miles y miles de letras y de signos de puntuación...

–¿Es posible? –se preguntaba, ahora ya en voz alta, Aurora mientras se agachaba para ver mejor lo que había pasado.

Y no era posible, no... ¡era seguro!

Las letras esparcidas por el suelo eran las del libro, ya que, cuando lo tuvo entre las manos, Aurora comprobó que las páginas estaban todas ellas en blanco...

Aún permanecía de rodillas en el suelo cuando le pareció ver...

No, no, tú... ¡lo había visto perfectamente bien!

Bajo un montón de letras se movía una especie de... ¡qué caramba una especie! ¡Aquello no era una especie de nada!... ¡Aquello era una cabeza! ¡Vaya cabeza!... Y era la cabeza de alguien que intentaba salir...

Inmediatamente, pero con todo cuidado, Aurora pasó el dedo para retirar las letras que estorbaban a aquella cabeza, y vio aparecer el dibujo de un joven muy gallardo...

—Muchas gracias, hermosa doncella... ¡Muchas gracias!... —le decía en tono agradecido y con voz asustada el joven gallardo, mientras se sacudía un montón de letras y signos de puntuación que le habían quedado pegados a la capa roja que llevaba.

A Aurora, que jamás la habían llamado «hermosa doncella» ni nada por el estilo, por un tris no se le escapó una carcajada, pero no era aquél, creyó, el mejor momento para bromear, «Porque —pensó— si éste es un personaje del libro, es posible que haya más personajes enterrados bajo tanta letra...»

Por eso quiso saber:

—¡Hola!... ¿Estabas tú solo, dentro de este libro, o había alguien más?

El joven gallardo, que aún tenía la expresión de no saber exactamente qué había pasado, reaccionó rápidamente:

—¡Oh...! ¡Pensándolo bien...! ¡Desde luego...! ¡Estaba mi amada ahí dentro! ¡Mi amada...! Aquella por la cual mi corazón palpita... Aquella sin la cual mi vida no tiene ningún sentido... Aquella por la cual...

Aurora se vio obligada a interrumpirlo bruscamente:

—Me parece, muchacho, que no es éste el mejor momento para discursos amorosos... ¡Venga, vamos! Tú busca debajo de la mesa, que yo miraré por este lado...

—Oh, claro está, claro está, bella y frágil doncella... Lo primero es lo primero: ¡Beatriiiiiizz!... ¡Gentil Beatriiiiiizz! —gritaba, con voz tristona, el joven gallardo.

Aurora y el joven gallardo, rebuscando por entre los montoncitos de letras, fueron encontrando muchos dibujos:

Aquí había un árbol...; aquí, un puente...; allá, una montaña...; un poco más lejos, unas casas... Lentamente fueron encontrando de todo, pero, de Beatriz, ¡ni rastro!

—¡Ahí... ahí, bella y frágil doncella...! ¡Ahí abajo me ha parecido que hay algo que se mueve!

—avisó, alarmado, el joven gallardo a Aurora, mientras le señalaba un montoncito de letras que, en efecto, se movía.

Aurora fue apartando letras de aquel montoncillo hasta que, por fin, se encontró cara a cara con el dibujo de un dragón, el cual, merece la pena decirlo, era más feo que Carracuca, y a duras penas podía moverse.

—No creo que sea éste vuestra amada, ¿verdad? —preguntó, burlona, Aurora al joven gallardo.

—¡No os acerquéis, frágil dama...! ¡Apartaos de esta infernal criatura! —exclamó el joven gallardo, desenvainando su espada y acometiendo al dragón.

Aurora, un poco mosca, lo interrumpió:

—¡Envaina ahora mismo esta espada! ¡Aquí somos gente pacífica y no queremos tratos con las armas...! A ver si aún saldrá herido alguien... Además, ¿no ves que si este aspirante a sabandija intenta atacarme, cosa que dudo porque el pobre está medio KO, le puedo aplastar la cola con el dedo meñique del pie...? ¡Y deja de una vez por todas de llamarme «bella», y «frágil», y «gentil» y... tantas bobadas, por favor! ¡Me llamo Aurora, Aurora a secas, y ahora tenemos que ocuparnos de buscar a Beatriz!

—¡Tenéis razón...! ¡Oh, cuánta razón tenéis, bella y fra... ¡Ay, perdonadme!: quería decir Aurora a secas... Verdad es lo que decís: hemos de encontrar como sea la joya más exquisita que en el mundo nadie jamás ha visto... Ella es una bendición. Ella es...

Aurora, que no creía que fuera aquél el mejor momento para discutir con el joven gallardo cuál era su nombre, tuvo que cortarlo otra vez:

—¡Estáte atento, hombre!... ¡Venga!: Remueve entre aquel montón de letras mientras yo la busco bajo aquellos árboles que han quedado al lado de la papelera... ¡Beatriiiiiiizzzz!...

—¡Estoy aquíiii!... ¡Por favor, bajadme!... —oyeron que gritaba, casi exhausta, una vocecita...

¡QUÉ ILUSIÓN: BEATRIZ!

El joven gallardo, poniendo rodilla en tierra y con ambas manos oprimiendo su pecho, comenzó:

—¡Es ella...! ¡¡¡Es ella...!!! ¡Y si es ella quiere decir... que está viva...! Oh, oídos afortunados, que gozáis porque en vuestro interior resbala su dulce voz: apiadaos de mis ojos, los cuales, encelados de vuestra suerte, vierten dolorosas lágrimas que resbalan por mis mejillas para ir a morir en la boca, para que así mis desesperadas palabras se conviertan aún en más amargas...

Aurora, simulando que se le había pegado la forma de hablar del joven gallardo, poniendo también rodilla en tierra y con las manos contra su pecho, sin poder reprimirse, soltó:

—¡Oh, aguerrido caballero! Os ruego que escuchéis bien mis palabras: ¡A fe que sois un plomo...! ¿Y si me hicierais el favor de cerrar la boca y así cuando vuestra amada vuelva a pedir ayuda podremos oír de dónde viene la voz?...

—¡Estoy aquí...! ¡Auxilio...! ¡Ayudadme...! ¡No puedo más! —volvieron a oír que se desgañitaba la voz.

Aurora, aprovechando que había conseguido acallar al joven gallardo, se guió por el oído, hasta que oyó aquella desesperada voz más cerca...

Sí, ciertamente... Aurora lo había oído bien... La voz procedía... ¡del interior del libro!...

Aurora lo abrió y vio el dibujo de una chica, con una cabellera rubia recogida en una gran cola, que se agarraba como podía al cordel de la encuadernación del libro.

—Ayudadme a bajar... Os lo suplico... ¡No me quedan fuerzas! —gritaba, implorante, la chica de la cabellera rubia.

Aurora le puso un dedo debajo de los pies y, con gran cuidado, la trasladó al lado del joven gallardo.

—¡Beatriz...! ¡Beatriz querida! —decía el joven gallardo a la chica de la cabellera rubia, mientras le llenaba las manos de besos—. ¿Estáis bien...?

¿No os habéis lastimado...? Venid... Resguardaos bajo mi capa y abandonad para siempre vuestros temores... He llegado de lejanas tierras para salvaros, y tened la certeza que, a mi lado, ni el dragón ni el malvado Matacán podrán perjudicar a quien será mi mujer para siempre.

Beatriz no decía ni pío...

—Perdonad, parejita... —se permitió interrumpir Aurora—: ¿Sabéis si queda alguien más a quien podamos ayudar?

—Salvada Beatriz, el resto del mundo... ¿qué más da? —soltó, suspirando, el joven gallardo.

—¡Eres un cara dura, chaval! —contestó enfadada Aurora, que continuaba buscando por entre las letras.

—¡Chica! —oyó que le decía con un hilo de voz Beatriz—: En este cuento había cuatro personajes: el príncipe, Matacán, el dragón y yo...

—El dragón ya ha salido hace un momento. Está allí, medio inconsciente... El príncipe, que debe ser este pesado que no calla nunca, no hace falta mencionarlo, también ha salido... Pero este tal Matacán no lo veo por ningún lado... —dijo Aurora, sin parar de remover las letras cada vez más esparcidas.

—Permíteme que te ayude a buscarlo —dijo Beatriz.

Pero el príncipe le prohibió el paso:

—¡No querida..., no...! De ninguna manera consentiré que vuestras frágiles manos se ensucien entre estas inmundicias esparcidas que habrán de servir de merecida tumba al malvado...

Aurora no le dejó terminar:

—Mira, bonito de cara: Ya empiezo a estar harta de tus comentarios... Si tú no quieres ayudarnos, no seré yo quien te obligue, pero a nosotras déjanos tranquilas: hay alguien que necesita ayuda y haremos todo lo posible para proporcionársela... ¿De acuerdo?

El joven príncipe, algo avergonzado, algo picado, agachó la cabeza mientras Aurora y la princesa gritaban:

—¡Matacáaan...! ¡Matacáaan...! ¿Dónde te has metido...?

Pero Matacán no asomaba por ningún lado.

—Nunca me hubiera imaginado que en un libro pudiera haber tantas letras —dijo Aurora, cada vez más nerviosa.

—Tienes toda la razón... Y lo más probable es que casi todas deben de ser de este pesado... Cuando inicia el parloteo no hay quien lo detenga —soltó la princesa mirando, despectivamente, hacia el príncipe.

Aurora, algo sorprendida con lo que acababa

de oír a la princesa, no pudo contenerse y le preguntó:

—Pero... ¿no es él el gran amor de tu vida...? Me ha parecido que te decía no sé qué de futura esposa...

—Sí, claro..., ¡qué le vamos a hacer...! —exclamó, no demasiado convencida, Beatriz.

Pero en aquel momento oyeron un grito angustioso:

—¡Auxilio...! Glu, glu, glu... ¡¡¡Socorroooo!!! Glu, glu, glu...

—¡Esto es la voz de alguien que se ahoga! —reaccionó inmediatamente Aurora—. Tenemos que buscarlo en algún sitio donde haya agua... Calla, déjame recordar... ¿Dónde he visto, hace un momento, agua?... ¡Ah, sí! Allí... debajo del escritorio, me parece que ha ido a parar un río...

¡QUÉ PAREJA: MATACÁN Y EL PRÍNCIPE!

Efectivamente, justo allí donde recordaba, debajo del escritorio, Aurora comprobó que había el dibujo de un río... Lo levantó y, allí mismo, apareció una figura algo tenebrosa: el dibujo de un hombre vestido completamente de negro...

«Éste debe de ser Matacán», pensó Aurora mientras apartaba el río, y ya más tranquila al saber que nadie corría peligro.

Blandiendo otra vez su espada, el príncipe se encaminaba como una exhalación hacia donde las dos chicas habían encontrado al nuevo personaje, gritando:

—¡No os acerquéis...! ¡Dejad a este pérfido para mí!

Aurora reaccionó:

—¡Alto, chaval! —Y puso su mano derecha delante de la carrerilla del príncipe.

—Apartadme este muro que impide mi delirio de venganza —exigía éste.

Pero Aurora no estaba para cuentos:

—Te lo he dicho antes y te lo repito por última vez: Aquí somos gente pacífica...

El príncipe la interrumpió:

—¡Sois gente pacífica porque desconocéis el peligro que merodea a vuestro alrededor! Derribad este muro y yo haré que mi famélica espada pruebe, por fin, la sangre del maligno Matacán y será entonces cuando vuestras vidas ya no correrán ningún peligro, y podréis ser gente tan pacífica como queráis!

Aurora se enfureció:

—Mira, chico: Si hay algo que no soporto de los que todo el santo día vais con armas en las manos es que, quieras o no, tenéis que salvar hasta a aquellos que no os lo piden... Y como aquí, hasta ahora, nadie te ha pedido auxilio, ¡haz el favor de envainar este alfiler!

El príncipe, como era previsible, no sólo no estaba de acuerdo sino que se le notaba algo indignado... pero, antes de que pudiera contestar, oyó a Beatriz que le decía:

—Tiene razón la chica, príncipe... Envaina tu espada, tenemos otra ocupación ahora... Mira, por lo menos, a tu alrededor: reina la confusión... todas estas letras y todos estos dibujos son nuestra historia; si no arreglamos este desorden, nada de lo que digamos o hagamos tendrá sentido...

Aurora, que aún mantenía su mano en alto impidiendo el paso al príncipe, se serenó y dijo:

—Pienso igual que Beatriz... Tenemos que intentar reconstruir esta historia, pero, antes de hacerlo, dejadme que me presente: Me llamo Aurora y ésta es mi habitación... También quisiera pediros perdón por los quebraderos de cabeza que os estoy ocasionando... El libro donde vivíais se me ha caído, sin querer, cuando lo cogía de la estantería para leerlo y...

La princesa, a quien se le escapó una sonrisa picarona, quiso saber:

—¿Eso quiere decir que aún no lo has leído?

—No... aún no —le contestó Aurora—. Es que el lunes próximo debo tener acabada una redacción de tema libre y, como no sabía por dónde empezar, he pensado que leyendo un cuento quizá me inspiraría... He cogido éste que me regalaron el día de mi cumpleaños, me ha resbalado de las manos, y ya veis la catástrofe...

—¡Pero esto es magnífico! —exclamó la princesa.

—Perdonad, gentil Beatriz —exclamó, con gesto discrepante, el príncipe—. Vuestro humilde servidor no ve nada magnífico en todo esto... Ahora resultará que, por culpa de una torpe muchacha, el mundo ya no sabrá ni de la valentía ni de los desfallecimientos que tuve que sufrir para libraros del detestable Matacán...

—Pero yo sí, príncipe —lo interrumpió Beatriz—. Yo os estaré agradecida toda mi vida...

—¡Faltaría más! —soltó con arrogancia el príncipe.

—¡Anda, éste! —dijo Aurora sin poder contenerse—. Ahora empiezo a entenderlo... Lo que realmente interesa a este joven tan valiente es que todo el mundo sepa que es un héroe... No tiene bastante con el agradecimiento de aquellos a los que ha ayudado, no. ¡Él necesita proclamarlo a los cuatro vientos!...

El príncipe, viendo que había metido la pata, intentó arreglarlo:

—No... Eh... Yo lo que quería decir es que ya sé que vuestro corazón estará siempre agradecido a mi humilde persona...

Viendo, de reojo, las caras incrédulas que ponían las dos chicas con las explicaciones que les daba, el príncipe pensó que lo mejor que podía hacer era callar, y Aurora, aprovechando el mutis del príncipe, intentó poner un poco de orden a todo lo que allí estaba sucediendo...

¡QUÉ IDEA!

—Vamos, a ver... —dijo Aurora—. Si no me confundo, en este libro hay una historia, más o menos, como ésta: En un país vive una princesa bellísima a quien un malvado ha secuestrado... Este malvado la tiene prisionera y vigilada por un terrorífico dragón... ¿Voy bien, verdad...?

Como ninguno de los personajes abría la boca, Aurora continuó:

—... Hay un príncipe que viene de lejanas tierras y consigue liberarla... El príncipe se casa con la princesa y colorín colorado, este cuento se ha acabado... ¿Más o menos es así...?

Sólo contestó la princesa:

—¡Así es!

—¡Hombre! —dijo el príncipe con fuerzas renovadas—: Tenemos que convenir que habéis explicado esta historia muy a la ligera... Por ejemplo: no comentáis en absoluto cómo me enteré, mediante aquellos cuervos, que habían secuestrado a Beatriz... Otro ejemplo: nada decís, de la feroz lucha que tuve que mantener contra aquella repugnante bestia que, sin parar, me iba lanzando llamas a través de su boca infernal... ¡Ah!, y tampoco habéis hecho mención del peligro que corrí cuando subía por aquel precipicio, casi sin fuerzas en las manos...

—¡Ni tampoco ha dicho nada de por qué debo casarme con vos! —soltó, dolida, la princesa.

—¿Que por qué os tenéis que casar conmigo...? —preguntó, sorprendido, el príncipe—. Pero si esto es lo más normal, ¿no?... Yo os salvé y mi corazón se rindió ante vuestra belleza desde el preciso instante en que os contemplé cuando os llevaba desmayada entre mis brazos y...

La princesa lo interrumpió:

—¿Y yo qué, eh...? ¿No puedo opinar, yo...? Al fin y al cabo, tal como vos decís, yo me había desmayado... Casi no tuve ni tiempo para rehacerme y ya me decíais que tenía que ser vuestra esposa...

Antes de que el príncipe le replicara, Beatriz propuso:

—Dejadme, por favor, deciros una cosa... Como esta historia ha quedado deshilachada, si estáis de acuerdo, la podríamos rehacer... Entre todos escribiremos otra y así podremos cambiar todo lo que no nos guste...

—¡Ni hablar, mona! —la interrumpió el príncipe—. Ya os podéis sacar ahora mismo de vuestro magín un disparate de estas dimensiones, porque, lo que es yo, nunca en la vida, ¿me oís bien?, NUNCA EN LA VIDA consentiré que, por culpa de la negligencia de una mocosa, se tenga que cambiar ni una sola coma de esta historia... ¿De acuerdo?

—Muy bien —le contestó la princesa, señalando el revoltijo que había en el suelo—: Ahí tenéis todas las letras que precisáis para volver a escribir vuestra historia...

El príncipe, con toda dignidad, se sacó la capa y se remangó las mangas, y con aire rabioso, comenzó a rebuscar entre las letras.

Aurora, entonces, se dirigió a Matacán:

—Y tú, Matacán..., ¿no dices nada...? Desde que te conozco no has dicho esta boca es mía.

Matacán no contestaba.

—Es muy poco tratable, este hombre —explicó a Aurora la princesa—. Es un gran hechicero... lástima que sus conocimientos los dedique a provocar el mal...

—Sí, aún hoy en día abundan... Tantos años de estudios para acabar inventando los peores desastres... —dijo Aurora.

El príncipe, ocupado como estaba intentando reescribir la historia, no se dio cuenta de que el dragón se había despertado y de que lo tenía justo detrás suyo... La princesa sí lo vio y quiso avisarlo:

—¡Cuidado, príncipe...! ¡Detrás vuestro...!

El príncipe soltó con precipitación la b que llevaba en la mano, pero, antes de que pudiera desenvainar la espada, la voz de Matacán se estrenó:

—¡Quieto, príncipe...! El dragón no puede haceros ningún daño... con el batacazo ha perdido el fuego y, sin el fuego, este animalito es más dócil que un gato faldero.

Por si acaso, el príncipe se puso en guardia... mientras el dragón iba dando vueltas a su alrededor e intentaba lamerle la cara...

—Me parece, príncipe —le dijo, riendo, Aurora—, que cuando la gente vea el dibujo de este gato... ¡ay, perdón...!, digo de este dragón, no se creerá según qué historia les cuentes... Por cierto... ¿has escrito ya mucho?

El príncipe, que continuaba con su porte guerrero, señaló con la punta de la espada debajo de la silla, y Aurora fue a leer lo que ponía:

«Abia una bes un baleroso prínsipe... Hera tan baliente que todos lo conozían con el nombre de...»

Aurora dejó de leer y mirando al príncipe no pudo contenerse y le dijo:

—Si mi «seño» de lengua llega a ver lo que has escrito, le coge un patatús... «Menos horas con la espada y más ratitos con los libros, chiquillo», seguramente te diría...

Matacán, curiosón, se acercó donde estaba el escrito. Comenzó a leerlo y no pudo contener la risa:

—¡Ja, ja, ja...! —A duras penas Matacán podía hablar—. A ningún rey del mundo, por muy enemigo mío que fuese, os recomendaría como ministro de Cultura... ¡Ja, ja, ja...!

A Aurora no le gustó ni pizca el comportamiento del hechicero... Lo miró de pies a cabeza, pero fue la princesa quien replicó:

—Pues yo no le veo la gracia, Matacán... y mucho menos cuando esta burla sale de una persona tan instruida como vos creéis que sois... Sin ir más lejos, vos, pozo de sapiencia, que hacéis gala de ser capaz de convertir en un santiamén una pulga en un elefante, fuisteis del todo incapaz de curarme de aquel catarro que cogí justo en el momento en que me encerrasteis dentro de vuestra cueva... «Tiene que seguir su curso», me dijisteis... ¡Y estuve más de quince días con la nariz manando como un grifo...!

El silencio fue la única respuesta que supo dar Matacán, el cual volvió a poner cara de pocos amigos...

De repente, y sin que nadie se lo esperara, una espesa cortina de humo apareció delante del hechicero, el cual, entre grandes carcajadas, se esfumó...

¡QUÉ PARLOTEO!

—¡Ja, ja, ja...! —oyeron reír al hechicero—. El gran Matacán no se avendrá jamás a vuestras necedades... Si queréis escribir otra historia, hacedlo, ya os doy mi permiso... Eso sí: no os olvidéis de contar con todo detalle lo malvado que llegó a ser el hechicero más cruel de todas las épocas...

—¡Maldito Matacán! —bramaba el príncipe, levantando de nuevo su espada—: Puedes estar seguro de que cuando te coja se te pasarán de golpe y porrazo las ganas de reír, porque no desistiré hasta que te vea de rodillas a los pies de mi dama pidiéndole perdón por todos los sufrimientos que le has causado, y arrastrándote como un gusano a mis pies pidiéndome clemencia... Rebuscaré por todos los rincones hasta encontrarte, porque no habrá ningún escondrijo donde mi espada no pueda penetrar.

—¡Madre mía! —se quejó, mofándose, Aurora—. Y lo poco que le cuesta armar la marimorena a este chaval...

El príncipe continuaba:

—...porque tú, malvado, tú que tanto has hecho sufrir a quien yo me he entregado en cuerpo y alma... tú, miserable, quiero que sepas que...

Beatriz, simulando que se tapaba los oídos, se retorcía de risa.

El príncipe seguía con lo suyo:

—...pongo como testigo al mundo entero: desde la minúscula y humilde hormiga hasta la gran ballena, señora de mares y océanos...

—Oh, y por lo que se ve tiene para rato —intuyó en voz alta Aurora.

Y el príncipe, que no callaba:

—...ni que te convirtieras en topo, pues sabré llegar hasta la más recóndita de las madrigueras... ni que te transformaras en águila imperial, ¡pues siempre tendré suficiente fuerza para subir hasta la montaña más alta!

Justamente en aquel instante el príncipe calló.

—Bien, parece que por fin ya ha terminado de rezar el rosario —dijo, divertida, Aurora a la princesa.

¡Pero qué va...! No había quien lo parara. El príncipe volvió a inspirar y otra vez continuó el rollo:

—Fiel espada de acero, insensible como el alma del malvado, compañera de mi largo viaje...

—Me parece que si no lo cortamos de inmediato —dijo, por fin, Aurora, mirándose el reloj—, se nos hará de día... y esto que tan sólo son las seis y media de la tarde...

Y, viendo que el príncipe no callaba:

—... para mí ya no existirá la noche, porque del sol me guardaré su generosa vitalidad...

Aurora estalló:

—¡BASTAAAAAAAAAA...!

El príncipe, que no se lo esperaba, calló en seco, y el dragón, que estaba adormecido a sus pies, se despertó sobresaltado y se escondió detrás de él.

—¡Oh...! —exclamó, liberada, la princesa—. ¡Y qué descanso para los oídos!

Sin disimular su satisfacción, Aurora aún añadió:

—¡Así es...! Parece imposible que reine tanta paz y tranquilidad...

El príncipe, naturalmente, volvió a enfadarse... Miró a las dos chicas con aire de superioridad, dio media vuelta e iba a decir:

—Me voy a capturar al malvado... ¡Tened la certeza de que volveré... y de que volveré vencedor! No desfalleceré hasta que lo vea pidiéndoos perdón...

Pero aún no había terminado de decir «me voy» cuando tropezó con la cola del dragón y cayó, cuan largo era, al suelo...

Tanto Aurora como Beatriz simularon que no habían reparado en ello, y el príncipe, lo más rápidamente que pudo, se levantó y, con la mayor arrogancia y dignidad, volvió a emprender la marcha, pero se detuvo cuando oyó que Aurora le decía:

—¡Espera un momento, príncipe...! Creo que sé cómo conseguir que Matacán vuelva...

El príncipe, con aire burlón, le preguntó:

—¿Vos...?

Sin hacer caso del tono que había usado el príncipe, Aurora le contestó:

—Ya verás. Acércate y te explicaré mi plan... Ven tú también, Beatriz —le dijo a la princesa—. A ver qué os parece...

¡QUÉ TÍA: AURORA!

Susurrando, para que Matacán no la oyera, Aurora empezó a contar punto por punto su plan...

El príncipe iba negando con la cabeza, pero Beatriz parecía muy animada.

Al cabo de un rato, y como no se ponían de acuerdo, Aurora propuso:

—Lo decidiremos por votación... Que levante la mano el que esté de acuerdo...

Ella y Beatriz alzaron las suyas.

—Ahora —pidió Aurora— que levante la mano quien no lo esté...

Con cara de resignación, el príncipe alzó la suya.

—Bien —dijo la princesa—. Ganamos por dos a uno... Pondremos en marcha tu plan, Aurora.

—¡A por él! —dijo ésta—. No podemos perder ni un solo segundo.

Aurora se puso en medio de la habitación, carraspeó y empezó a decir, gritando un poco más de la cuenta para que Matacán la pudiera oír desde su escondrijo:

—Muy bien, chicos, al tajo, no hay tiempo que perder... Empezaremos a escribir de nuevo el libro y, tal como dejó dicho Matacán, a él lo pintaremos muy malo... Si os parece, lo primero que podríamos hacer sería buscar entre los tres muchos sinónimos de la palabra «malo»... ¿De acuerdo...? Venga, va, ¿quién empieza...?

El príncipe no pudo retenerse:

—¡Yo empiezo, yo...!

Y sin esperar el consentimiento de los demás, empezó:

—¡Perverso...!, ¡maligno...!, ¡bellaco...!, ehhh..., ¡satánico...!, ¡malhechor...!, ¡desalmado...!, ¡canalla...!, ehhh..., ¡vil...!, ¡diabólico...!

Desde donde estaban, Aurora y Beatriz, con rápidas ojeadas dirigidas a todos los rincones de la habitación, intentaban descubrir el escondrijo del hechicero...

El príncipe, entretanto, continuaba:

—¡...Nefasto...!, ¡detestable...!, ¡execrable...!

¡Talmente parecía que a Matacán se lo hubiera tragado la tierra!

Pero no... Matacán había escogido un buen escondrijo: Cuando desapareció detrás de la cortina de humo, fue a refugiarse en una de las estanterías de la habitación de Aurora... Concretamente, estaba dentro de un libro de Basic, que el hechicero había empezado a leer con deleite:

«¡Por todas las colas de rata aplastadas en mi mortero!... —pensaba el hechicero—. ¡Qué maravilla, eso de la informática! ¡Si en mis tiempos hubiera existido, el trabajo que me hubiera ahorrado!»

—¡...Mala fe...!, ¡pesado...!, y..., y... ¡nocivo!

El príncipe ya había finalizado.

—¡Muy bien, muchacho! —lo aplaudió Aurora—. ¡Te mereces un sobresaliente!

Beatriz, maravillada delante de aquel diccionario andante, también lo felicitó:

—Fantástico, príncipe... Mi enhorabuena.

El príncipe se sonrojó, pues no estaba demasiado acostumbrado a recibir felicitaciones por cuestiones de lenguaje...

Como siempre, Aurora andaba nerviosa y continuó:

—Ahora que ya sabemos las mil y una maneras de llamar al hechicero...

Pero un vozarrón, que parecía venir de ultratumba, la interrumpió:

—¡Víbora! ¡Os habéis olvidado de llamarme víbora!

Sin duda alguna era la voz de Matacán, el cual había puesto oído atento cuando oyó el cúmulo de sinónimos que el príncipe le dedicaba.

Inmediatamente, Aurora bajó el tono de voz para poder decir:

—Ahora ya sabemos con certeza que Matacán nos está oyendo... Nuestro plan no puede fallar bajo ningún concepto...

Y, guiñando el ojo, Aurora alzó de nuevo la voz para continuar:

—¡Pues vamos...! ¿Qué os parecería este comienzo...?

El país de la princesa Beatriz era un país feliz... Lástima que a sus habitantes les hubiera tocado convivir con un hechicero tan malo...

Matacán, desde su escondrijo, lo escuchaba complacido.

Aurora continuaba:

¡Porque daros cuenta de que era muy pero que muy malo aquel hechicero...! Las había hecho de todos los

colores y alguna, sobre todo la que más se recordaba y que ahora os explicaré, era morrocotuda...

Matacán, emocionado, salió del interior del libro de Basic donde se había escondido, y se instaló sobre el lomo, y así, desde aquella posición, podía oír mejor las canalladas que iban a contar de él.

Aquel hechicero era tan malo —continuaba Aurora— *que, una vez, cogió una lagartija y, después de torturar al pobre animalito con mil y una barbaridades, consiguió convertirla en un dragón...*

Matacán se sentía henchido de orgullo.

...un dragón, no obstante... —y aquí Aurora hizo una pequeña pausa—, *que de dragón sólo tenía la forma, ya que, tal como podéis comprobar por el dibujo, ¡era más bueno que el pan!...*

Eso ya no le gustó tanto a Matacán, pero continuó escuchando a Aurora:

—*¡Menuda mala suerte...!* —exclamaba el pueblo—. *Tantos hechiceros como hay en todos los cuentos y a nosotros, precisamente a nosotros, nos ha tocado el peor de todos...*

Matacán ya empezaba a mosquearse, pero continuaba escuchando la narración de Aurora:

Porque, claro está..., ¿quién querría hacer daño a una pobre bestezuela como aquella, cuyo único defecto era que siempre tenía hambre?

Una lagartija normal se come un par de moscas al

día y ya está harta para toda una temporada... pero aquel animalote, en un par de días, se había tragado todas las existencias de moscas y mosquitos del país, ¡y siempre se quedaba con hambre!

Bastantes apuros pasaban ya todos los campesinos y ahora, por añadidura, y por culpa de aquel hechicero tan malo, tenían que dedicar una parte de sus cosechas a dar de comer a aquella criatura hambrienta...

Aurora hizo otra pausa y la aprovechó para volver a mirar de reojo todos los rincones de la habitación...

Fue entonces cuando, sobre el lomo del libro de Basic, vio a Matacán..., con cara de pocos amigos.

«¡Ahora verás!», pensó Aurora, y siguió contando:

La gente de aquel país se tenía que espabilar y, como fuera, debía encontrar una solución u otra.

Y, por fin, encontraron la solución... ¡Ya lo creo que la encontraron!

Correrían la voz, a diestro y siniestro, de que en el país de la princesa Beatriz habitaba la bestia más imponente y extraña que jamás se hubiera visto...

No tardaron demasiado en llegar los primeros forasteros entremetidos, los cuales pidieron entrada para contemplar a aquella bestia creada por el hechicero Matacán.

Todo el mundo salía admirado y, al cabo de unos meses, ya se contaban por millares los forasteros que llegaban cada día a aquel país.

Aquello provocó, como es natural, un auténtico boom económico... tan extraordinario, que al cabo de unos años, y gracias al dragón que había creado aquel hechicero tan malo que se llamaba Matacán, la renta per cápita subió de una manera espectacular...

El príncipe y Beatriz escuchaban boquiabiertos, pero Matacán estaba que echaba chispas:

«Esta chica –pensaba el hechicero– se la está buscando...»

Pero Aurora, continuaba, como si nada:

Matacán recibió ofertas de todos los reinos del mundo conocidos hasta entonces a fin de que les fabricara algún ingenio para atraer turistas, pero, como el hechicero sólo pensaba en hacer el mal, no intentó salir de su cueva, avergonzado de ser, tal como él mismo reconocía, el hechicero peor de todas las épocas...

¡QUÉ GUIRIGAY!

—¡Muy bien! ¡Me parece un comienzo perfecto! —aplaudió la princesa, una vez Aurora acabó la historia.

—No está mal —añadió, poco convencido, el príncipe, el cual se temía que con este comienzo su protagonismo en la historia peligraba.

Desde donde estaba, Matacán dejó bien claro lo que pensaba:

—¡¡¡Y un cuerno!!!

—¡Míralo! —dijo Aurora simulando que se sorprendía—. ¿Pero no te habías ido, tú...?

El hechicero se enfureció:

—¡Ya os podéis sacar de la cabeza esta ridícula historia!

—¿Ridícula? —intervino la princesa—. Pues nosotros la encontramos muy divertida... Además es un comienzo muy interesante...

—Y no hemos hecho otra cosa que seguir tus deseos —dijo con satisfacción Aurora—. Cuando has desaparecido del mapa has dejado dicho que querías que te pintásemos como el peor de todos los hechiceros, y nosotros hemos seguido tus deseos al pie de la letra...

Matacán iba a replicar, pero comprendió que lo habían engañado bien engañado.

—¡Venga, hombre...! ¿Por qué no bajas y hablamos los cuatro? —le propuso Aurora.

—¡Va, Matacán! ¡Ya verás qué historia más divertida nos inventaremos entre todos! —lo animó, también, Beatriz.

El hechicero extendió sus brazos, dijo unas palabras, seguramente mágicas, y desapareció otra vez detrás de una espesa cortina de humo...

—¿Qué os ha parecido, eh? —exclamó, sin esconder su satisfacción, el príncipe—. ¿Veis como no ha funcionado...? ¡Ya os lo decía yo que no nos podíamos fiar de este granuja! ¡Pero vosotras dos, tozudas y tozudas...! ¡Y, claro está, ya ha vuelto a huir, el muy cobarde...!

El príncipe calló y, ante el silencio de las dos chicas, se vio con suficiente coraje para continuar:

—Lo habéis querido hacer a vuestra manera y yo he accedido a ello, pero ahora lo haremos a la mía porque... ¡creedme!, gente como ésta sólo hace caso a un lenguaje: ¡El de la espada!

—¿A qué espada te refieres, si se puede saber? —oyó el príncipe que le preguntaban desde detrás.

—¡A ésta...! —galleó el príncipe desenvainando otra vez su esp...

Menuda sorpresa se llevó cuando en la mano, en lugar de la espada, el príncipe se encontró... ¡una enorme zanahoria!

Inmediatamente el príncipe se dio la vuelta y comprobó que detrás suyo estaba Matacán, el cual, con cara de pocos amigos, lo avisaba:

—¡Vigilad, alteza...!

El príncipe, creyendo que el hechicero quería engañarlo, lo miró fijamente y, cuando estaba a punto de decir aquello tan sobado de «aún no ha nacido el que quiera engañarme», tuvo que retenerse porque hubo de exclamar:

—¡Maldita bestia!...

Y se fue corriendo detrás del dragón, el cual de un tirón había conseguido arrebatarle la espada... ¡Ay, perdón... quería decir la zanahoria!

—Devuélveme inmediatamente mi esp... —dijo el príncipe, pero se encontró ridículo... y calló.

Se detuvo bruscamente...

¡Y vio cómo el dragón, de una dentellada, se comía la zanahoria y se relamía, con satisfacción, los bigotes!

—¡Buen provecho! —dijo con resignación el príncipe, mientras se sentaba, abatido, sobre un montón de letras, simulando que no oía las grandes carcajadas de Matacán.

Beatriz estaba indignada:

—¿Va a durar mucho, esto, caballeros...? ¿Es que pensáis estar todo el santo día peleándoos como perro y gato...? Mirad a vuestro alrededor, por favor, y decidme: ¿no creéis que ya empieza a ser hora de poner un poco de orden a todo este embrollo...?

—Además —advirtió Aurora—, se hace tarde, y si mi madre, que es de aquellas que no están para bromas, entra en la habitación y ve todo este tenderete por tierra, tened la seguridad que lo arreglará de inmediato: ¡me hará coger la escoba y deberé barrer hasta que no quede en el suelo ni el punto de una i!

Se hizo un silencio...

Era un silencio que evidenciaba que tanto el príncipe como Matacán reconocían que las dos

chicas tenían razón, que allí había que hacer algo, pero les pasaba lo que siempre pasa en casos como éste: Ninguno de los dos quería ser el primero en bajarse del burro.

Y, claro está, el silencio se fue alargando, alargando...

¡QUÉ CAMBIO!

—¿Será posible que haya tanta tontería, incluso en el mundo de los libros? —decía, arrastrando las palabras, Aurora, a quien aquel silencio la sacaba de quicio...

—Caballeros, por favor... —pedía en tono suplicante la princesa.

—¡Ya basta! ¡Déjalos estar, Beatriz! —exclamó, por fin, Aurora—. No los necesitamos absolutamente para nada... Y aún os diré otra cosa, chicos, y ya me podéis creer: ¡si os quedáis aquí seréis un estorbo...! Como, por lo que veo, no estáis dispuestos a colaborar, ¡ya podéis tomar las de Villadiego...! Marchaos y nosotras escribiremos una historia sin malvados de vía estrecha ni héroes de pacotilla. A ver, Beatriz, qué te parece este comienzo:

La princesa Beatriz...

—No, espera, Aurora... —la interrumpió, entusiasmada, la princesa—. Me gustaría más llamarme Pepa...

—¡Pero qué decís! —exclamó, enojadísimo, el príncipe—. ¡Ésta sí que es buena... Pepa! Yo nunca en la vida me casaría con una princesa que se llamara Pepa... ¡Tenéis cada idea, princesa!...

Beatriz, con cara de satisfacción, miró al príncipe mientras le replicaba complacida:

—Que vos, tal como decís, nunca en la vida os quisierais casar con una princesa que se llamara Pepa me importa un comino, ¡creedme, príncipe!, en estos momentos vuestras palabras me llenan de alegría: Quizá es ésta la fórmula con la cual me dejéis tranquila para siempre... Demasiados problemas hay en este país —que como podéis comprobar, es un montón de escombros— como para pensar en bodas y en tonterías...

Después de oír estas palabras, el príncipe ya no sabía qué actitud tomar...

Matacán, entretanto, permanecía tímidamente con los ojos bajos.

La princesa dio la espalda al príncipe y, dirigiéndose a Aurora, le preguntó:

—¿Cuándo empezamos...?

—Cuando quieras, Bea..., quiero decir, ¡Pepa! —contestó rectificando Aurora, que irradiaba satisfacción por todas partes.

—Antes de continuar, te quisiera pedir un favor, Aurora... —dijo la princesa.

—Si puedo hacértelo, con mucho gusto... —contestó Aurora.

—Es que... adornada con esta ropa... con este peinado y con estos zapatos tan altos, no podré hacer casi nada... —se explicó Pepa—. ¿Por qué no me cortas la cola, que me pesa como un muerto, me acortas el vestido y me dejas los zapatos planos?

—¿Y cómo quieres que lo haga, todo eso...? —le preguntó, extrañada, Aurora.

—Sí, mujer, con la goma de borrar —contestó la princesa.

—Claro está... —reaccionó Aurora—. A veces parezco boba...

Aurora, de puntillas y con sumo cuidado de no pisar ni los dibujos ni la letras que había esparcidos por el suelo, fue hasta la mesa y, de un cajón, sacó una goma de borrar.

Subió a Beatriz sobre la mesa y, con todo cuidado, fue borrándole primero la abundante cola de caballo..., después, un pedazo de vestido y, finalmente, los tacones de los zapatos...

—¡Perfecto! —dijo, como quien se quita un peso de encima, Pepa—. ¡No debo parecer la misma...! ¡Qué descanso...! ¡Ahora sí que estoy dispuesta para empezar...!

Aurora no podía disimular la satisfacción que le producía mirar lo que había conseguido.

Pepa estaba muy entusiasmada:

—Escucha, Aurora —le dijo—. Ya que estás en ello... ¿por qué no me pintas unos cuantos estampados en el vestido y unas medias como las que tú llevas...? Me encantan todos estos colorines... Ah, y píntame un poco de colorete; a tu lado parezco un pato mareado...

Aurora no se lo hizo repetir. Cogió los lápices de colores y le pintó unas flores en el vestido, en las piernas unas medias llamativas y, ya por fin, le puso un poco más de color en el cutis...

—¡Esto del dibujo es fantástico! —comentaba, divertida, Aurora—. Ya lo ves: en un momento me he convertido en peluquera, modista y zapatera... ¿Qué te parece el cambio, eh? Espérate un momentito que te dibujaré un espejo y podrás verte.

Aurora dibujó en una hoja de papel un espejo, y Pepa, mientras se contemplaba, exclamó divertida:

—¡Oh, tú...! ¡Qué cambio! ¡Si no parezco la misma!

—¡Pues, andando! —dijo, muy animada, Aurora—. ¡Empecemos cuanto antes!

—Me parece, Aurora, que también tendrás que convertirte en arquitecta, urbanista, jardinera... porque mira qué país tan estropeado nos ha quedado —dijo Pepa que, desde encima de la mesa, divisaba a la perfección todo aquel tenderete...

—¡Huy! —dijo Aurora—. Ya veremos si sabré. El dibujo nunca ha sido lo mío... Aunque, déjame que te explique una anécdota: ¿sabes que, una vez, hasta me dieron un premio...?

Todos miraron a Aurora mientras continuaba explicándose:

—Un día, Ramón, que era el mejor maestro que jamás he tenido, organizó un concurso en la clase: Teníamos que hacer en casa un dibujo cualquiera y al día siguiente todos votaríamos el que más nos gustara. Como yo soy un paquete dibujando, pensé que haría un trabajo sin demasiadas complicaciones, y decidí que dibujaría el sol... Con el compás dibujé una circunferencia, pero, a medida que la iba pintando veía que el tono de aquel sol no me acababa de gustar, y entonces empecé a añadir un color encima de otro...

»Cuando, al día siguiente, pensando que sería el hazmerreír de toda la clase, lo presenté, Ramón me dijo que me había salido una naranja precio-

sa... Y mis compañeros consideraron que aquella naranja tan bien pintada merecía el primer premio...

—¿Y tú no les dijiste que aquello era el sol? —quiso saber Pepa.

—¿Y cómo querías que se lo dijese?... Si no tuve ni tiempo para reaccionar... Los vi tan entusiasmados delante de aquella naranja, que me supo mal decepcionarlos... Lo más curioso de todo es que yo también, al final, en aquel dibujo veía una naranja... ¡Y además me había quedado bastante bien!

—No te preocupes, mujer —la animó, riendo Pepa—. El país que nos inventaremos tampoco tiene que ser nada del otro jueves... Haremos que sea un pequeño país sin grandes complicaciones: cuatro casitas, un par de ríos, unas montañas no demasiado altas y habitado por gente pacífica...

Aurora, un poco nerviosa ante tanta responsabilidad, dijo:

—Lo haré lo mejor que pueda... Ahora bien, si intento hacer un castillo, alguien puede pensar que son las montañas de Montserrat...

—¡Dejadme que os haga una sugerencia! —exclamó, enfadado, el príncipe—. He aquí cómo podéis llamar al país de esta ridícula historia: ¡«Aburrilandia»! Incluso, si queréis, yo os regalo este comienzo:

Una vez había un país formado por cuatro casitas, un par de riachuelos y unas montañitas que no levantaban un palmo del suelo. Era un país habitado por gente humilde y sencilla, donde nunca pasaba nada. Por eso se llamaba Aburrilandia. La princesa de aquel país se llamaba Pepa e iba adornada como si cada día fuera carnaval. La princesa Pepa –¡vaya nombre has ido a escoger, nena!– *vivía en un castillo que, más que un castillo, parecía las montañas de Montserrat...*

–Si queréis –quiso aclarar la princesa–, os podéis ahorrar el título nobiliario: con Pepa me basta y me sobra.

–No, si al final aún resultará que yo, en lugar de un príncipe, era un ternero que pastaba... –dijo, desesperado, el príncipe.

–Hombre –dijo entusiasmada Aurora–, por mí no hay ningún inconveniente... Ahora mismo cojo los lápices de colores, la goma de borrar y con un poco de buena voluntad...

El príncipe no estaba para chanzas:

–¡Ah, no! ¡Ni pensarlo, bonita! ¡Esto ya te lo puedes sacar ahora mismo de tu preciosa cabeza! Tú a mí no me pones la mano encima, ¿de acuerdo...?

–¿Es que quizá temes que, en lugar de un ternero, me salga un pavo...? –le contestó, divertida, Aurora.

El príncipe fue el único que no celebró la salida de Aurora, ya que tanto Matacán como Pepa se desternillaban.

En medio de tantas carcajadas, Matacán pudo decir:

—¿Os imagináis esta continuación?:

Mientras pastaba, un buen día llegó a Aburrilandia un príncipe que era un ternero... Un ternero que talmente hubierais dicho que era un pavo...

El príncipe, enfurecido, lo cortó:

—¿Y tú, Matacán, qué papel desempeñarás en esta historia, eh...? ¿El de un hechicero que se dedicaba a contar chistes malos, quizá...? ¡Anda, hombre: no quieras entrar en el juego de estas dos bobas!

Matacán volvió a su actitud seria y cuando todos imaginaban que volvería a desaparecer o que haría alguna barrabasada, comenzó a hablar...

¡QUÉ PANDILLA DE ABURRIDOS!

—El príncipe —dijo Matacán— me acaba de dar una gran idea: Yo, en la historia, si os parece bien, podría ser un hechicero... Un hechicero de feria que hubiera visitado todos los rincones del mundo, y en todas partes hubiera obtenido los éxitos más clamorosos...

Un día, este hechicero —es decir, yo— *pasó por Aburrilandia, un país, donde, según ha dicho el príncipe, nunca pasaba nada...*

El príncipe miraba a Matacán con aquella cara que se pone cuando uno se está mosqueando. El hechicero, impertérrito, continuaba con el hilo de su narración.

... La gente de Aburrilandia no sabía qué era divertirse: se pasaban todo el santo día trabajando con ahínco y, aunque el hechicero pregonara a diestro y siniestro sus excepcionales actuaciones...

—¡Dime de qué presumes y te diré de qué careces! —no pudo contenerse el príncipe, pensando que todos le reirían la gracia.

Pero Matacán no hizo ni caso:

... los de Aburrilandia decían que no estaban para tonterías, pues al día siguiente tenían que madrugar y preferían acostarse y no ver cómo un hechicero se sacaba un conejo del sombrero. «Las conejas de casa cada mes se sacan siete u ocho de la barriga y no organizan tanto jaleo», bromeaban los habitantes de Aburrilandia...

El príncipe estuvo a punto de volver a decir otra de las suyas, pero ante la mirada que le clavaba Matacán pensó que sería mejor no meter cizaña y lo dejó continuar:

... Hacía ya cinco días que el hechicero había llegado a aquel país, y no había conseguido que ni uno solo de sus habitantes fuera a verlo actuar, aunque al tercer día había rebajado el precio de las entradas y al día siguiente había anunciado que ofrecería una muestra de su actuación, de balde, en la plaza del pueblo...

«Los críos, como mínimo —pensaba el hechicero— me vendrá a ver cuando salgan de la escuela.»

Pero lo que no podía imaginarse era que los niños y

las niñas de aquel país, cuando salían del colegio, corrían a ayudar a sus padres en el trabajo y, claro está, preocupados como estaban por no llegar tarde, ni se detuvieron en la plaza.

«Unos por poco y otros por mucho», pensó el hechicero, que, como os he dicho, conocía todos los rincones del mundo, mientras veía pasar de largo a los niños.

«En fin —se resignó, recogiendo sus instrumentos de magia—, me parece que ya empieza a ser hora de largarse... Aquí no tengo nada que hacer. Si a esta gente lo único que les gusta es trabajar de sol a sol, no seré yo quien se lo impida: ¡buen provecho les haga...!»

Pero, de golpe y porrazo, aquel hechicero reaccionó: «¿De sol a sol he dicho...? ¡Y tanto que lo he dicho! Lo recuerdo perfectamente: ¡He dicho de sol a sol! ¡Claro está, claro está...! Ya verán ahora estos aburridos lo que les espera...»

El hechicero entró en su carro y, cuando calculó que era la hora en que la gente cenaba, salió a la calle y lanzó a los cuatro vientos de Aburrilandia que al día siguiente no pensasen trabajar de sol a sol, porque no podrían, ya que él, con su magia, lo evitaría.

La amenaza, porque como una amenaza lo tomaron, envalentonó a los habitantes de aquel país de aburridos.

Al día siguiente y cuando aún era negra noche, todo el mundo ya estaba levantado y preparado para, cuando saliera el sol, empezar todos a trabajar.

—Ahora: ¡Ya sale, ya sale!... ¡Ya verá este hechicero de tres al cuarto de qué somos capaces! —se decían los unos a los otros, con las herramientas a punto.

Pero se callaron de sopetón...

Aquí Matacán hizo una pausa y aprovechó para echar una ojeada a los que lo escuchaban. Hasta el príncipe ponía cara de intrigado. Sin abandonar su aspecto serio, el hechicero continuó:

...Y callaron repentinamente porque, con la boca abierta de par en par, los habitantes de Aburrilandia no podían articular ni una sola palabra mientras veían, sin acabar de creérselo, que, por el este y a la hora en punto, justo en el lugar por donde tenía que salir el sol, aparecía... ¡una enorme y magnífica naranja...!

Cuando reaccionó, toda la gente del pueblo soltó las herramientas que llevaban en la mano y fueron apresuradamente a buscar al hechicero, el cual, con su carro, estaba ya casi fuera del país.

—¡Eh, hechicero! —lo llamaban—. ¡No te vayas...! ¡¡¡Espera...!!!

Pero el hechicero seguía su camino, como si tal cosa.

Cuando lo alcanzaron, lo obligaron a detenerse.

Poco a poco el hechicero se vio rodeado por un gran número de personas que lo aclamaba. Aquello parecía una olla de grillos: Todos hablaban a la vez, lo aplaudían, todos le pedían que volviera al pueblo y que les hiciera más demostraciones de su magia...

Cuando se calmaron un poco, el hechicero les dijo:

—Lo siento, pero no puedo volver a vuestro pueblo. Ya he pasado allí cinco días y ahora tengo otros compromisos que cumplir...

—Puedes pedirnos lo que quieras... Trabajamos tanto que tenemos el dinero a montones y podemos pagarte lo que nos pidas —le insistía la gente.

Pero el hechicero les decía la verdad: aquella misma noche tenía una actuación muy lejos de allá y, además, se le hacía tarde.

—Ahora bien —les dijo—, si queréis, dentro de un año os prometo que volveré a vuestro pueblo y me quedaré una semana entera... Eso sí: vosotros también me tenéis que hacer otra promesa...

—Lo que quieras, lo que quieras —le contestó la gente asintiendo con la cabeza.

—Que no me pagaréis ni cinco por mi actuación...

Ante las caras extrañadas de la gente de Aburrilandia, el hechicero les continuó explicando:

—Cada uno de vosotros, y os doy todo un año para pensarlo, me hará un regalo equivalente al precio que le costaría la entrada.

Todos estuvieron de acuerdo con el trato, y el hechicero, subido en su carro, continuó su largo viaje.

No hace falta comentar que, aquel día, en Aburrilandia nadie hizo nada: cuando no estaban boquiabier-

tos contemplando la naranja que era como el sol, se quedaban pasmados pensando qué regalo podrían hacer al hechicero cuando volviera al cabo de un año...

Si bien los días que siguieron el sol volvió a salir con puntualidad por el este, lo cierto es que en Aburrilandia las cosas cambiaban día a día: la gente continuaba trabajando —tenían madera de trabajadores—, pero cuando terminaban la jornada se reunían entre ellos y se explicaban las ideas que se les habían ocurrido.

Y así fue cómo fueron conociéndose mejor, y cómo unas ideas trajeron otras.

Todos esperaban con anhelo el día en que volviera el hechicero.

No se esperaba éste el recibimiento que le estaban organizando, ya que, al cabo de un año, aparte de los regalos que todos tenían preparados, estarían las calles engalanadas, los balcones llenos de flores, y hasta unos cuantos chicos y chicas del pueblo se animaron para aprender música a fin de formar una banda que le diera la bienvenida...

Y lo que nunca podía imaginarse el hechicero que encontraría cuando volviera, no aquel año sino el otro, es que habrían construido en medio del pueblo: ¡Un teatro!... Un teatro que, si bien aún no tenía los cimientos, ya tenía el nombre escogido: Se llamaría Teatro La Ilusión...

Matacán bajó los ojos y calló...

¡QUÉ MONUMENTO!

Aurora y Pepa aplaudieron al hechicero con entusiasmo:

—¡Muy bien, Matacán! ¡Es una historia preciosa, preciosa de verdad...!

El príncipe, no obstante, con cara extrañada, tuvo que decir, claro está, la suya:

—¡Ah...! Pero... ¿ya está...? Qué tontería, ¿no...? ¿Y el hechicero? ¿Vuelve o no vuelve...? ¿Y qué le regalan...?

Aurora, pacientemente, le contestó:

—Me parece, príncipe, que no has entendido, o no has querido entender, la historia de Matacán.

Mosca, el príncipe, replicó:

—¡Sí, señora, que lo he entendido! ¡Lo que pasa es que se ha terminado muy de repente...!

—¡Vaya, hombre! —le replicó Aurora—. Ya veo que tú también eres de estos a quienes todo se les tiene que dar bien masticado...

Pero el príncipe no aflojaba y, mirando a las chicas, continuó diciendo, en tono despectivo:

—¡Además, ésta es una historia que nadie se creerá! No hay ningún hechicero en el mundo, por bueno que sea, capaz de convertir el sol en una naranja...¡Y no hablemos si quien ha de hacerlo es este hechicero de tres al cuarto que tenemos aquí delante!

Matacán, sin inmutarse, se dirigió al príncipe para decirle:

—Cuánta razón tenéis, príncipe, con lo que acabáis de decir: cierto es, ¡y por muchos años!, que no hay ningún hechicero en el mundo capaz de hacer una gesta parecida... Pero me parece, príncipe, que olvidáis una cosa muy importante: el poder que tiene el arte.

El príncipe, que no sabía por dónde iba Matacán, le preguntó, extrañado:

—¿El poder del arte...? ¿Y qué tipo de poder es éste?

El hechicero, mirando al príncipe, le respondió:

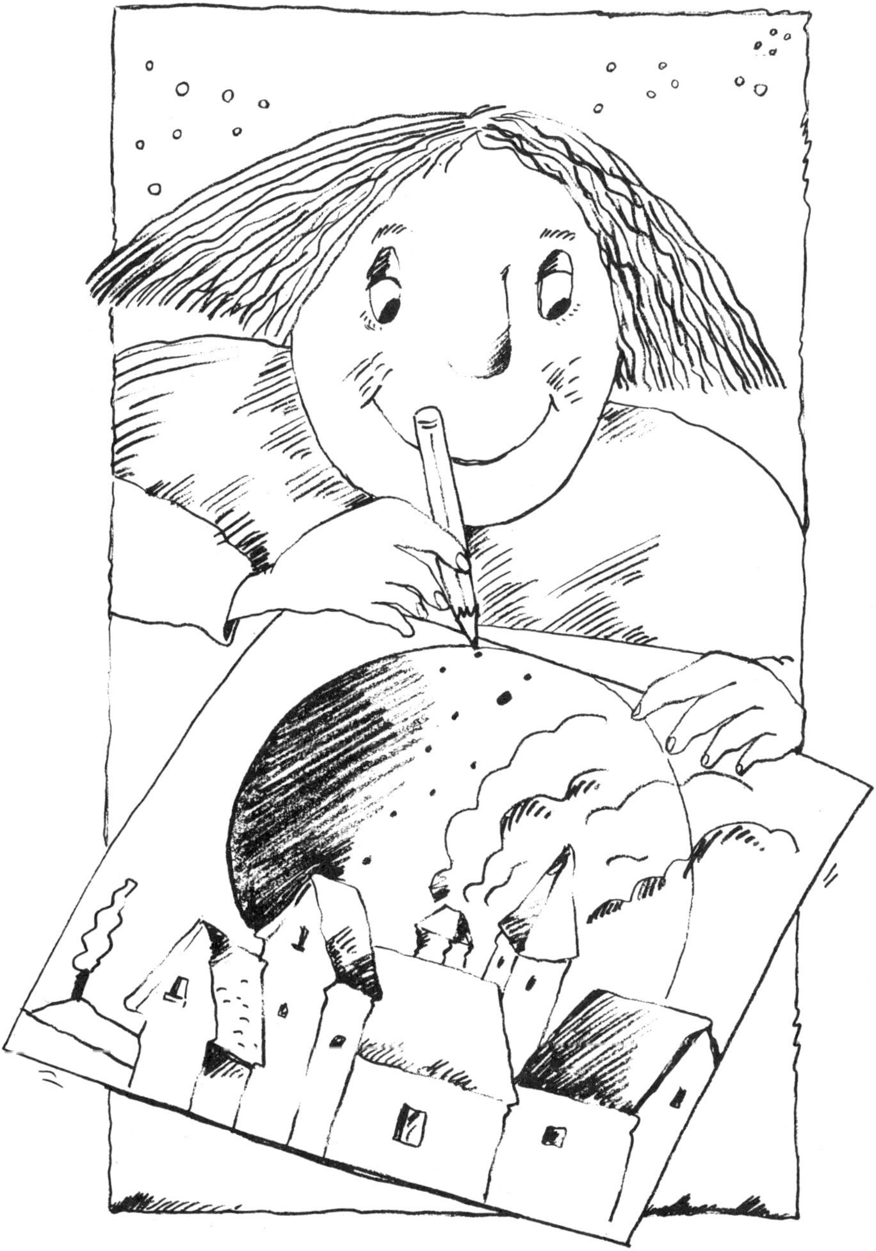

—Aurora, según nos ha explicado, sabe dibujar soles que parecen naranjas y, como será ella la encargada de hacer los dibujos de este libro, será ella y no yo quien justamente en la página donde corresponda, hará salir una naranja deslumbrante en el cielo de Aburrilandia. Los que leerán este libro serán libres de creérselo o no; ahora bien, lo que ninguno de ellos podrá negar es que en el cielo de Aburrilandia, un buen día, y gracias a Aurora, lució una magnífica y esplendorosa naranja. He aquí lo que os decía sobre el poder del arte.

El príncipe no quería darse por vencido y, burlón, pero no demasiado convencido, replicó:

—Yo, si fuera de vosotros, no me fiaría demasiado de esta muchacha... Tenéis que pensar que, si una vez quiso dibujar un sol y le salió una naranja, ¿quién os asegura que cuando quiera dibujar una naranja no le saldrá... qué sé yo, un tomate verde o una sandía...?

Aurora estaba a punto de saltar y decir cuatro frescas, pero Matacán, sin perder la compostura, se lo impidió porque, en el acto, respondió:

—Qué más quisiera yo, príncipe, que todos los males tuvieran una solución tan simple... Si pasara lo que vos decís, nada más sencillo. Lo único que tendríamos que hacer sería modificar el texto y, allá donde decía naranja, haríamos que pusiera tomate verde... o sandía o, hasta, si os divierte más, podríamos hacer que pusiera melón de Valencia... El efecto, como podéis imaginaros, sería exactamente el mismo.

El príncipe, que ya no sabía por dónde salirse, hubo de callar y bajó, malhumorado, la cabeza, momento que aprovechó Matacán para guiñar el ojo a Aurora, la cual, con la mirada, agradeció al hechicero sus palabras.

Como el príncipe volvía a poner cara de enfadado, Pepa intentó animarlo:

—Vamos, hombre... Seguramente que con la facilidad de palabra que tenéis sois capaz de inventar, en un santiamén, una historia divertida...

El príncipe, con gesto altivo, levantó la voz, muy ofendido:

—¡Vaya, esto no me lo esperaba! ¡Yo, todo un príncipe, explicando historias divertidas...! ¿Pero se puede saber por quién me habéis tomado...?

Al comprobar que todos lo estaban mirando fijamente, el príncipe se sintió algo avergonzado por el tono que había usado y, bajando la voz, propuso:

—Por favor, seamos serios y dejémonos de Aburrilandias, de hechiceros de feria, de princesas Pepas, de soles que parecen naranjas y de historias estúpidas. Venga, no nos enfademos...

Pepa no pudo reprimirse y replicó:

—Perdonad que no os deje acabar de hablar, y perdonadme también si os digo que nosotros no estamos en absoluto enfadados. Todo lo contrario: nos lo estamos pasando muy pero que muy bien...

Aurora añadió:

—Lo que le pasa al príncipe es que tiene un pequeño gran problema: Él debe ser el héroe, el bueno y, como no hay malo, no puede, o no quiere, imaginarse haciendo ningún otro papel...

Y, mirando de arriba abajo al príncipe, le dijo:

—Pues bien, me parece que ya tengo la solución:

Todos escuchaban con atención a Aurora mientras continuaba diciendo:

—... como lo único que te interesa es ser admirado por todos, no sufras: ¡te haremos feliz!

Aurora cogió un lápiz, y en una hoja de papel dibujó tres rayas: dos verticales unidas por una horizontal mientras explicaba:

—Esto será un pedestal que colocaremos en el centro de la Plaza Mayor de Aburrilandia y, encima de este pedestal, estarás tú, porque serás... ¡un monumento!

El príncipe, intentando disimular la satisfacción que le produjo la idea de Aurora, pudo decir con un hilillo de voz:

–Yo... pues... no me creo merecedor de tal honor...

Pero Aurora insistió:

–¡Sí, hombre, sí! ¡Dará gozo verte allí arriba! Además, te pondremos una inscripción que, más o menos, dirá: «Aburrilandia al príncipe más valiente de todos los tiempos». ¿Qué te parece...? ¿Te gusta?

El príncipe no sabía qué cara poner y, con timidez, preguntó, mirando al hechicero:

–¿Oye, Matacán... me devolverás mi espada, verdad? Porque un héroe sin espada es como si... es como... quiero decir... es como un perro feroz sin dientes... ¿Verdad que me harás este favor...?

Matacán, aguantándose la risa, asintió con la cabeza y, en el acto, el príncipe volvía a tener su espada.

–¡Ya veis cómo son las cosas! –dijo, en tono burlón, Aurora–. Aún no tenemos pueblo, pero ya tenemos un héroe... ¡con monumento y todo!

El príncipe estaba ilusionado:

–¿Me subes? –le pidió a Aurora.

Subido al pedestal, el príncipe iba haciendo posturitas; ahora levantaba la espada con ambas manos, ahora la sostenía con una sola y simulaba una estocada... Y todo esto lo acompañaba, claro está, con las muecas más feroces que os podéis imaginar.

—Decidme, por favor, qué postura os parece que me puede quedar mejor —pidió el príncipe, que no se estaba quieto.

—¡Todas! ¡Todas te quedan muy bien! —le contestó Aurora como si quisiera sacárselo de encima.

—Pero seguro que debe de haber una que os guste más que las otras —insistió el príncipe.

Aurora, viendo que no acabarían nunca, tuvo otra idea:

—No hace falta que te preocupes tanto, hombre, el tuyo será un nuevo modelo de monumento: el monumento cambiante... Tú ve haciendo tantas posturas como te parezca y, de esta manera, el monumento, aunque sea el mismo, siempre será diferente... ¿qué te parece?

El príncipe, ilusionadísimo, exclamó:

—¡Oh, qué bien! ¡Además encuentro que es una idea muy original! Así, por ejemplo, cuando esté cansado, la gente también podrá contemplarme y, gracias a mi monumento, todos sabrán cómo reposan los héroes.

Cuando ya parecía que el problema del príncipe estaba solucionado, éste aún pidió:

—Me deberías hacer otro favor, Aurora.

—¿Qué clase de favor? —quiso saber la chica.

—Es que... verás, si voy a ser un monumento, no me gustaría en absoluto serlo con la ropa que llevo tan sucia... Si quisieras limpiármela un poco... ¿No causaría buen efecto, verdad, un príncipe sucio?

—Claro que sí. No sufras —le contestó Aurora, mientras lo ayudaba a bajar del pedestal y con la goma de borrar le empezaba a limpiar el vestido.

—¡Ay, ay! —se quejaba el príncipe—. No aprietes tanto que me haces cosquillas...

—Estáte un poco quieto, hombre, que acabaremos en seguida...

Pero el príncipe no paraba ni un instante, tenía cosquillas en todas partes y, cuando Aurora le estaba limpiando una manga, bruscamente el príncipe apartó el brazo y con la goma de borrar le borró una mano...

¡QUÉ DESGRACIA!

—¡Mira qué me has hecho, desastre!... —se quejaba, dolido, el príncipe—: ¿Y ahora qué haré sin mano?... ¿Quién se creerá que soy un héroe?

Aurora quería disculparse:

—Oh, perdóname... Ha sido sin querer... Si no hubieras retirado tan rápidamente el brazo...

Pero el príncipe ni la escuchaba:

—Todos se reirán de mí... Nadie se creerá mis gestas... Es mi final...

Aurora, con timidez, le propuso:

—Si quieres, intentaré dibujarte una mano nueva...

Pero el príncipe se negó en redondo:

—¡Esto sí que no! ¡Ni hablar!... ¡Con tu poca habilidad como dibujante, lo más probable es que, en lugar de una mano de persona, te salga una mano de mortero!

A Aurora le dolía lo ocurrido, pero ya no sabía qué decirle...

Fue entonces cuando a Pepa se le ocurrió:

—Escuchadme, ¿y qué os parecería si nos inventáramos una historia de un príncipe a quien le faltaba una mano?

El príncipe no parecía estar de acuerdo porque saltó de inmediato:

—¡Vaya, hombre...! Una vez había un príncipe a quien una chiquilla le borró la mano con una goma de borrar...

—No, hombre, no —aclaró Pepa—. Podríamos empezar así:

Cuando el príncipe volvió victorioso de lejanas tierras, el pueblo de Aburrilandia salió a la calle a aclamarlo.

Ante las muestras de entusiasmo que recibía, el príncipe, sobre su caballo blanco, saludaba...

Y fue entonces cuando la gente se dio cuenta de que a su héroe le faltaba una mano...

—¿Lo habéis visto? —se decían unos a otros—. ¡Qué aspecto tan extraño...!

—¡Pobre chico! Ya es mala suerte. Tan valiente como es y que le haya pasado esta desgracia... —se apiadaban algunos.

Lo primero que hizo el príncipe fue aprender a hacer las cosas con una sola mano y, con mucha voluntad, salió airoso, pero reparaba en que la gente, cuando hablaba con él, aunque fuera de reojo, siempre le miraba la mano que le faltaba.

«Cuando la tenía —se decía el príncipe— nadie se fijaba, y, en cambio, ahora no me quitan el ojo de encima...»

Eso preocupaba al príncipe, porque veía que para la gente tenía más importancia aquella mano que no existía que no lo que les pudiera decir, y, poco a poco, fue entristeciendo.

Tanto, que acabó encerrándose en sus habitaciones. No recibía a nadie y no quería salir nunca a la calle...

La gente tampoco se esforzaba demasiado para que el príncipe volviera a salir ya que «mientras está encerrado —pensaban— nos ahorramos el mal efecto que hace un príncipe sin mano».

Pepa era una chica de Aburrilandia a quien le preocupaba lo que le pasaba al príncipe, por eso decidió un buen día que iría a visitar otros países para ver si encontraba gobernantes a quienes también les faltara una cosa u otra, y así poder contar al príncipe cómo se las arreglaban...

Mucho tiempo estuvo Pepa yendo de un país a otro, y en todos lo países donde se detenía hacía preguntas a la gente y lo anotaba todo...

Cuando al cabo de unos años Pepa volvió a Aburrilandia, puso un cartel en la Plaza Mayor y pidió a todos que lo leyeran.

En aquel cartel Pepa contaba con todo tipo de detalles su viaje, y también qué les faltaba a los gobernantes de los países por donde había pasado.

A un gobernante, según podía leerse en el cartel, le faltaba la imaginación... a otro le faltaba saber escuchar a la gente... a otro le faltaba decisión... a otro le faltaba prudencia... a otro le faltaba humildad... y a más de uno incluso le faltaba entendimiento y por eso habían llevado a sus respectivos países a la ruina...

Al final del cartel Pepa escribió: «Al nuestro, como todos sabéis, sólo le falta una mano.»

Pepa calló y miró las caras que todos ponían.

—¡Oh, Pepa! —le dijo, emocionada, Aurora—. ¿Sabes que me ha gustado muchísimo?

—Felicidades, princesa —dijo Matacán—. Es una historia muy bonita...

—A mí tan sólo me falta otra cosa... —dijo el príncipe.

—No la digas porque ya me la imagino —dijo

con precipitación Aurora—. Seguro que echas en falta el final, ¿verdad...?

El príncipe se puso serio:

—No, Aurora —dijo—. Esta vez ya lo he entendido, el final... Lo que encuentro a faltar es que si este príncipe tengo que ser yo, le faltaba otra cosa, aparte de la mano...

Todos miraban al príncipe mientras éste continuaba:

—También le faltaba saber que podía contar con amigos, más o menos como vosotros...

¡QUÉ NIÑA!

De golpe y porrazo, los cuatro se asustaron cuando oyeron una voz que provenía de fuera de la habitación:

—Aurora, la cena ya está en la mesa.

—¡Ya vengo, papá! Acabo una cosa y salgo enseguida —contestó Aurora.

Y, dirigiéndose a sus amigos, les dijo:

—Ahora tengo que ir a cenar. Cuando vuelva, recogeremos el tenderete y continuaremos con la historia, ¿eh?

Aurora cerró la puerta de la habitación y fue hacia el comedor.

—¿Ya has trabajado bastante, hoy? —le preguntó su padre cuando se sentaba a la mesa.

—¿Quién...? ¿Yo...? —no supo contestar nada más Aurora.

—¡Qué va! —dijo su madre—. Seguramente que estaba en la luna de Valencia, como siempre.

Aurora comenzó a comer las patatas fritas que tenía en el plato, y, de sopetón, preguntó:

—¿Os imagináis un pueblo donde en lugar del sol un día amaneciera una naranja?

La madre de Aurora la miró con cara extrañada y le dijo:

—¡Ay, niña! Tienes cada salida de tono, a veces... Ya no tienes edad de decir tonterías... ¡Y haz el favor de no comer tan deprisa que un día te atragantarás!

Pero Aurora ya se comía la tortilla.

—Mira, Fernando, casi ya ha acabado de cenar. Dile que mastique. A mí no me hace ningún caso...

Aurora ya se levantaba de la mesa...

—¿Y se puede saber adónde vas ahora? —le preguntó su madre.

—Vuelvo a la habitación, tengo que acabar un trabajo...

—Todo el santo día se lo pasa en su habitación...

Aurora ya estaba en la habitación.

—Déjala, mujer.

—Oh, tú siempre estás de su parte. A mí, si tengo que decirte la verdad, Fernando, esta niña me tiene preocupada... ¿Sabes ahora qué obsesión tiene?

—¿Una obsesión?

—Sí, una obsesión muy extraña: la de hacer garabatos en los libros... Tanto dinero como cuestan y ella, mira, se dedica a estropearlos. Cuando le pregunté por qué lo hacía, ¿sabes con lo que me salió?

—No...

—Pues que ya empezaba a ser hora que los lectores dieran su opinión cuando la historia que se cuenta en un libro no les gustaba.

—Mujer, no estaría mal, no creas... Hay cada muerto en las bibliotecas...

—¿Te das cuenta, Fernando? ¡Siempre le das la razón! Ahora dime tú cómo iría el mundo si todos nos dedicásemos a poner comentarios de cosecha propia en los libros que ya están escritos...

El padre de Aurora no decía nada, pero, cuando tragó un pedazo de tortilla, dijo a su mujer:

—No creas, no, que yo, a veces, en el trabajo también...

—¿También te dedicas a garabatear libros? —le preguntó, horrorizada, la mujer.

—No, mujer, no... ¡No te asustes! Además, no hay libros de lectura en las fábricas... Lo que quiero decirte es que cuando las cosas no me gustan, a veces, también me imagino que las cambio...

—¡Caramba, Fernando...! No lo hubiera dicho nunca de ti...

—Pues mira: más de una vez —continuó el padre de Aurora—, cuando el encargado refunfuña, que es casi siempre, me lo imagino vestido con una falda cortita y con zapatos de tacón alto... si vieras lo ridículo que está caminando entre las máquinas, mientras dice tacos, mostrando aquellas piernas tan peludas...

—¡Ay, Fernando...! A ver si un día se dará cuenta y tendremos un disgusto...

—No sufras, mujer, sólo yo lo veo así... Además, no me atrevería a decírselo a nadie.

—De todas maneras, Fernando, continúo pensando que esta niña tiene demasiada imaginación...

—Vete a saber... quizá será escritora.

—Ya ves qué gracia: ¡menuda ganga, una escritora! En fin... dejémoslo correr porque ya veo que no nos entenderíamos... ¿Qué quieres para postre?

—Un sol...

—¿Un qué...?

—¡Huy, perdona...!, quería decir una naranja...

—¡Ay, Fernando...! Esta niña ha bebido en tus fuentes... No os parecéis nada a mí, no...¡Qué pareja! ¡Soles que son naranjas... naranjas en lugar de soles... y que la niña quizá será escritora...! ¡Una escritora...! ¡Ésta sí que es buena! Sólo nos faltaría una escritora en casa...

Enric Bayé (Badalona, 1951)

Se puso a trabajar siendo muy jovencito. Primero, de meritorio en una mercería; luego, en el despacho de una fábrica de quesos, y ahora, desde hace más de veinte años, es transcriptor de libros al sistema Braille. Y —como le gusta recordar— durante varios años trabajó como librero, por las tardes, en una librería de Badalona.

Gracias a su labor de transcriptor, se le ocurrió la idea de su primer libro: *Seis puntos aparte*, cuyos protagonistas son los seis puntos del alfabeto Braille, el que utilizan los ciegos para leer. Más adelante, a raíz de esa manía actual por las cosas de marca, escribió *El País de Marca.*

Con *¡Qué zambombazo!*, el libro que tienes en tus manos, consiguió ganar el premio «Josep M. Folch i Torres», 1992.

CUENTOS LARGOS COMO UNA SONRISA

Gianni Rodari
Grumete número 44
192 páginas

Estos cuentos que ahora os presentamos habían sido publicados en diversos diarios y revistas en el país natal de Gianni Rodari, Italia. Son cuentos breves, divertidos y sorprendentes, al estilo de los famosos Cuentos por teléfono del mismo autor, que se leen con una sonrisa en los labios. Son cuentos para jugar a leerlos, a imaginarse cada situación, a continuarlos.

¡NO HAY DERECHO!

Susie Morgenstern
Grumete número 21
136 páginas

Charlotte tiene muy claro que quiere ser rica, inmensamente rica, porque opina que sin dinero no se puede ir a ninguna parte. Por desgracia no todo el mundo es capaz de valorar su gran talento para los negocios. Pero Charlotte no se da por vencida a la primera y, a pesar de fracasar una y otra vez, siempre tiene a mano una nueva idea para volver a empezar...

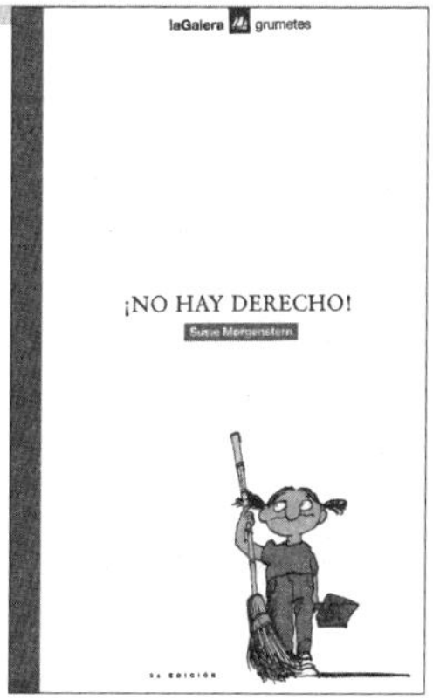

EL TRAJÍN DE BOLI

Rosa Maria Sánchez Lledó
Grumete número 22
96 páginas

Un bolígrafo de plástico, harto de su vida aburrida, intercambia su indumentaria con otro bolígrafo más lujoso. Vestido con tanta elegancia, tiene la oportunidad de salir del rincón del cajón donde vive y ver mundo durante unos días. Pero las cosas se enredan de tal modo que cada capítulo es una sorpresa. ¿Cómo acabará todo...? ¡Es un secreto!

Otros títulos de la colección

A partir de 8 años (serie roja)

1. **La brujita Teresita**
   Josep Gregori
6. **La tarta voladora**
   Gianni Rodari
8. **El zoo de Pitus**
   Sebastià Sorribas
13. **Los siete enigmas del Iris**
   Mercè Canela Garayoa
16. **¡Qué zambombazo!**
   Enric Bayé
21. **¡No hay derecho!**
   Susie Morgenstern
22. **El trajín de Boli**
   Rosa Maria Sánchez Lledó
26. **Estrella de Cacao**
   Pierre Heuer
44. **Cuentos largos como una sonrisa**
   Gianni Rodari
63. **Si no fuera por la nariz...**
   Jaume Cela